Arthur Westrup   Es hat gezündet

Arthur Westrup

Lachbuch für Autofahrer

Delius Klasing Verlag

*Es zeichneten: John Donegan, Joseph Farris,
Rudolf Griffel, Pit Grove, Hin,
Eberhard Holz, René Hovivian,
Phil Interlandi, Lavergne, Mitropoulos,
Paul Murphy, Ismet Voljevica.*

ISBN 3-7688-0560-3

© Copyright by Delius, Klasing & Co., Bielefeld
Alle Rechte vorbehalten
Printed in Germany 1986
Druck: Kunst- und Werbedruck, Bad Oeynhausen

Inhaltsverzeichnis

Das kann ja heiter werden 6
1. Mann und Auto
   Sein Liebstes 7
2. Frau und Auto
   Ein herzliches Lachen 24
3. Unterwegs
   Bitte nach Ihnen! 36
4. Anhalter
   Über den Daumen ge-eilt 49
5. StV-Ordnung muß sein
   Rechts vor links 66
6. Urlaubsreisen
   Das schöne Erlebnis 84
7. Mit Camping und Wohnmobil
   Am Busen der Natur 108
8. Winterfreuden
   Moderne Bernhardiner 118
9. Liebe im Auto
   Waldesrauschen 128
10. Tiere im Auto
    Vertrauen zu Herrchens Fahrkunst 136

Das kann ja heiter werden

„Es hat gezündet" sagt man, wenn der Hubkolbenmotor zu seinem Kraftakt ansetzt, aber auch, wenn die Pointe eines Witzes erklingt und alle Zuhörer es so sehr begriffen haben, daß, vom Großhirn ausgehend, das neuro-hormonale Regelsystem mit Hypophyse, Hirnanhangdrüse, Nebennierenrinde und Schilddrüse in Gang gesetzt wird: Der Mensch freut sich und lacht.
Lachen ist die ernste Zielsetzung dieses autopress-Buches, in dem der Mensch als Autofahrer dem Stift der bekanntesten Zeichner und Cartoonists zum Opfer fiel. Denn Autofahrer sind auch nur Menschen, die, dank ihrer vielen PS, die Dinge schneller ins Rollen bringen als das landläufige Volk.
So wünschen wir viel Vergnügen bei der Lektüre und hoffen, daß sich der Betrachter zu seiner eigenen Belustigung irgendwo wiederfindet und lacht. Auch über sich selbst.

Arthur Westrup

1
Mann und Auto

Sein Liebstes

Als unglaubwürdig muß wohl jener Mann bezeichnet werden, der von sich behauptet, seine Beziehung zum Auto sei gänzlich frei von Leidenschaft, Emotion und Eitelkeit – ihn interessiere allein der Transport von A nach B, und damit basta.

Das ist gewiß falsch. Die Psychologen haben längst ermittelt, daß der Mann allzugern sein Automobil zur Stützung seiner Persönlichkeit, zur Verdeutlichung seines hinreißenden Typs oder ganz einfach zur Demonstration eines gediegenen Wohlstands benutzt.

*

Bemerkenswert sind in dieser Sache die vielfältigen Anstrengungen, durch individuelle Ausgestaltung des im allgemeinen in großer Serie gefertigten Modells eine persönliche Note einzubringen, die je nach der soziologischen Stufe von dezent bis schrill reicht.

Sonderausstattung für Indien

Herrichtung eines Wagens für den königlichen Fuhrpark

Bei Fahrzeugen, die am Hofe des hohen Adels gehalten werden, vermitteln die zwar zurückhaltenden, jedoch deutlichen Insignien eine ehrfurchtgebietende Wertschätzung. Aber auch die Bekleidung der Insassen gibt Aufschluß über ihren gesellschaftlichen Rang.

„Das sind die Zwei vom Skatklub."

Da wundert sich der Chef.

Im Geschäftsleben wird sanft, aber nachhaltig darauf geachtet, daß die Firmenhierarchie ihren entsprechenden Niederschlag im Hubraum findet. Mitarbeiter, die mit ihrem Auto aus der Reihe tanzen, nähren Verdachtsmomente allenthalben.

Prominente der öffentlich-rechtlichen Rundfunkanstalten, insbesondere Showmaster sowie hochgeschätzte Dirigenten an Festspielhäusern, nutzen gern die Gelegenheit, ihr Automobil mit einem gemäßen Erscheinungsbild auszustatten.

„Der gehört sicher dem Kulenkampff."

„Ist das der Quattro von Herbert von Karajan?"

Angehörige des platten Volkes hingegen brauchen bei der persönlichen Ausschmückung ihres Autos nicht zu verzagen. Auch ihnen bieten sich diverse Möglichkeiten, dem Mariner beispielsweise das diesbezügliche Auslegen von Fendern, die den Passanten unaufdringlich das Weltmännische des Autofahrers nahebringen.

Korrekter Seemann nach dem Landemanöver

Überhaupt ist es ein schöner Brauch, den Beruf, den man ausübt, im Auto weiterleben zu lassen.

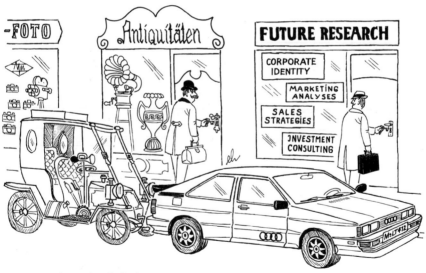

Das Auto als Ausdruck des Zeitgeistes

Geistliche Herren, im allgemeinen der Seele verpflichtet, enthalten sich meist der weltlichen Aufmotzung ihres Wagens. Sie widmen sich, was man schätzen und anerkennen muß, mehr den geistlichen Problemen.

Neue Streckenführung durch einen geistlichen Herrn

Im Umgang mit dem Auto entwickeln selbst Männer, die im übrigen Leben als nicht besonders arbeitsam gelten, einen emsigen Fleiß, der die ganze Verliebtheit in das gute Stück erkennen läßt.

„Aber nicht doch mit meinem Parfum, Hans-Heinrich!"

Hier muß das Tuning erwähnt werden, das einen rechten Mann geradezu verzaubert, aber auch das gern praktizierte Installieren von Zusatzgeräten mit seinen meist sehr befriedigenden Resultaten.

„*Du mit deinem Tuning-Fimmel! Jetzt dreht der Mixer viel zu hoch.*"

„Ich glaube, ich habe das Radio falschherum angeschlossen."

Mit seinem Auto ist der Mann ein ganzer Kerl. Kraftvoll bringt er seine Meinung zum Ausdruck, wie er über das Jogging denkt, andererseits befolgt er die Meinung seines Arztes, mehr als bisher den Hund auszuführen.

Sport ist Ansichtssache.

„So hat der Herr Doktor das nicht gemeint, als er dir riet, öfters den Hund auszuführen."

„Ich haue ab, ich brauche Tapetenwechsel."

„Susanne hat mich rausgeworfen. Kann ich wieder zu dir zurückkommen, Liebling?"

Das Auto bringt die Mobilität, die der Mann so sehr ersehnt. Keine liebende Frau sollte ihn deshalb daran hindern, ein bißchen die Luft der Freiheit zu genießen, wenn es ihn danach verlangt. Vielleicht sucht er nur eine kleine Zerstreuung.

Wie unentbehrlich das Automobil in unserer Zeit dem Manne geworden ist, erkennen wir sogar bei den Monarchen, die, ganz freizeitbewußt, von ihrem Postament heruntersteigen, um mit dem Auto den Feierabend zu genießen.

Ab sofort: Geregelte Arbeitszeit auch für Höhergestellte

Manchmal jedoch stellen sich beim Mann seelische Verspannungen ein, wie man sie öfters bei einer innigen Beziehung beobachten kann, etwa des Inhalts, sein Auto sei ihm untreu geworden. Oder – noch schlimmer – der Motor verbrauche plötzlich doppelt soviel Benzin wie sonst.

„Ich werde in meinen Träumen immer von einem GTI verfolgt."

Neu bei den Tankstellen:
Computergesteuerte Benzinabrechnung

2
Frau und Auto

Ein herzliches Lachen

Längst ist die Zeit vorbei, da die Frau als Heimchen am Steuer ein Schattendasein führte. Vorbei sind jene schlimmen Jahre, in denen Witzezeichner genüßlich eine Frau abbildeten, die ihren Kleinwagen seitlich in eine Parklücke zu drücken versucht oder die bei der Einfahrt in die Garage das aufgemalte Zielkreuz zwar im Auge hat, aber dennoch die hintere Begrenzungswand mit Caracho durchbricht. Auch erinnern wir uns an den unnötig strengen Polizeibeamten, der seinerzeit eine reife Dame, die im Auto daherkam, anhielt und ihr sagte: „Hören Sie mal, Sie sind mit 70 gefahren!" Worauf sie antwortete, jaja, sie wisse schon, der Hut mache sie viel älter.

Ganz anders halten es die Frauen unserer Tage. Sie fahren, selbstbewußt wie auch im sonstigen Leben, eine flotte Naht, manche gewiß ein wenig zögerlich, andere dagegen mit sattem Innenstrich und ohne Scheu, auch mal eine Kurve nach Herzenslust zu schneiden wie einen unliebsamen Mann. Allenfalls bei einer Panne akzeptieren sie den Beistand eines eventuellen Kavaliers, aber der hat es inzwischen auch verlernt, einen Reifen zügig zu wechseln und aus dem Notrad eine Tugend zu machen.

*

Die chauffierende Frau von heute stellt im Straßenbild eine echte Bereicherung dar, die ihren Höhepunkt findet – zwar dem c_w-Wert abträglich – bei flatterndem Haupthaar im offenen Wagen. Solch einem Bild gegenüber verblassen selbst altehrwürdige Burgen, die gewiß einer Betrachtung wert wären.

Die Schönheiten der Reise genießen

Frauen fühlen sich halt, wenn sie Auto fahren, in ihrer Weiblichkeit bestärkt. Sie wirken lebensbejaht, weil aufgeräumt und fröhlich. Ein herzliches Lachen strahlt von ihren Lippen, selbst da, wo ein gewisser Ernst angezeigt wäre.

„Bei schönem Wetter öffne ich immer das Verdeck."

Auch muß man den praktischen Sinn der Frau bewundern, die die Zusammenhänge besser wahrnimmt als so mancher Mann. Wer käme unter uns Männern schon auf die Idee, bei schönem Wetter nicht nur das Kabrioverdeck herunterzuklappen oder die Schnelligkeit einer Expreßreinigung im Vorbeifahren wahrzunehmen?

„Ich warte solange!"

Moderne Frauen geizen auch nicht mit gescheiten Ausreden in Situationen, in denen im Grunde eine Reuegebärde angezeigt wäre, so zum Beispiel bei Vorhaltungen eines erfahrenen Polizeimeisters.

„Tut mir leid, meine Nägel sind gerade frisch lackiert. Wenn Sie die Papiere sehen wollen – sie stecken in meinem Pulli."

Natürlich hat das Auto, genau wie beim Mann, auch bei der Frau deren Mobilität erhöht. Sie schwingt sich ganz einfach hinters Lenkrad und startet für manch einen mit unbekanntem Ziel. Sind ihre Fahr-Pläne rein und lauter? Was Wunder, daß so mancher Mann die Landpartie seiner Frau gern im Kofferraum (580 Liter Fassungsvermögen) begleiten möchte!

Ganz falsch ist es, kleine Pannen beim Ein- und Aussteigen als bloße Ungeschicklichkeit zu deuten – oft ist auch eine berechnende Absicht mit im Spiel.

„Das gehört nun einmal zum Show-Geschäft."

„Du bist wirklich lieb, Elisabeth."

Eines ist sicher: Eine Frau, die Auto fährt, führt nicht nur die Dinge des täglichen Bedarfs heim, sondern eines Tages auch, schneller als in früherer Zeit üblich, den Mann fürs Leben. Ihn dann auch eigenhändig über die Schwelle zu tragen, sollte uns nicht verwundern, zumal sich die Frauen mehr und mehr durch Bodybuilding stärken.

In späteren Jahren reduziert sich, bei oberflächlicher Betrachtung, die Fahrerin zur Beifahrerin, ohne indessen ihre reiche Fahrpraxis aufzugeben. Sie dirigiert und gibt strenge Anweisungen, die zu befolgen man dem Manne nur anraten kann. Und selbst vor technischen Verbesserungen schreckt sie nicht zurück.

„Wie oft habe ich dir schon gesagt, deine Mutter nicht zu unterbrechen, wenn sie fährt!"

„Das war meine Idee. So zieht der Pfeifenrauch am besten ab."

Dem Manne, den dies alles erbost, bleibt letztlich nur die Möglichkeit, den Umlenkpunkt des Sicherheitsgurts zu korrigieren.

Bei Anschnallgurten ist der richtige Umlenkpunkt wichtig.

Auf einer längeren Ferienreise ist es der schöne Brauch, daß sich Gattin und Gatte am Steuer wechselseitig ablösen. Bringt man von einer Nordlandreise als Souvenir etwa ein ausgesuchtes Elchgeweih zurück, so weiß der fahrende Gatte manchmal nicht, was er sich damit antut.

Beim Transport von Jagdtrophäen sollte man auf ausgewogene Plazierung achten.

Wir sehen, daß die Frau beim Autofahren – welch törichte Redensart! – ihren Mann steht. Jeder Verkehrssituation ist sie gewachsen, keiner Schieflage weicht sie aus. Nur einen einzigen Schicksalsschlag fürchtet sie: die Begegnung mit einer Maus.

„Ist dort das Überfallkommando? Kommen Sie sofort!"

3
Unterwegs

Bitte nach Ihnen!

Vor einigen Jahren noch herrschten, zugegeben, rauhe Sitten auf den Straßen, Ellbogenmanieren, die vor allem jene sich anmaßten, die ein paar PS mehr im (Zylinder)Kopf hatten. Der gelegentliche Anspruch auf Ehrerbietung gegenüber einem Achtzylinder-V-Motor war an der Tagesordnung.

Und die Psychologen sagten, das Auto mache aggressiv. Kein Wunder sei das, schirme doch das Blechgehäuse der Karosserie den einen Menschen vom anderen ab und treibe ihn systematisch in die Vereinsamung.

✻

Inzwischen hat sich das Klima sicht- und spürbar herzlich gebessert. Der Wink „Bitte nach Ihnen!", die Kontaktnahme per Lichthupe lassen eine Zunahme an Höflichkeit erkennen – manchmal entsteht sogar Zuneigung von Wagen zu Wagen, besonders dann, wenn sich zwei zumeist unterschiedliche Radiomelodien zum wundersamen Einklang ergänzen.

„Wir beide würden ein schönes Duett abgeben."

Aber auch ohne Musik ist menschliche Zuwendung erkennbar, und sie wird gerne geübt. Ein geknipstes Auge beispielsweise und ein gekräuselter Kußmund zur Antwort sagen mehr als viele Worte.

Neu in der Erotik: Diskreter Flirt mit Hilfe des Schiebedachs

Natürlich ist auch der Fall denkbar, daß die Insassen des einen Wagens sich kringeln vor Lachen, während die Leute im Nachbarauto eher verbittert wirken. In solcher Situation sollte man ein fröhliches Radioprogramm weiterempfehlen.

„Warum lachen Sie so? Hören Sie etwa den Westdeutschen Rundfunk?"

Wohltätigkeitskonzert eines umweltfreundlichen Cellisten

Zuweilen begegnet man guten Mitmenschen (mit Schiebedach), die, sich selbst zur Entspannung, anderen zur Freude, anhand ihres Cellos ein schönes Menuett vortragen.

Sehr liebenswert ist es auch, wenn ein Saxophonist ein paar Takte des St.-Louis-Blues anspielt, um einen Fußgänger beiseite zu bitten, anstatt ihn mit dem schroffen Autohorn wegzututen.

Spezialbeschallung für einen unaufmerksamen Fußgänger

Beschimpfungen und andere Unflätigkeiten haben inzwischen nachgelassen. Bei einer Kollision in der Faschingszeit den anderen einen Narren zu heißen, ist eher Ausdruck zeitgemäßer Heiterkeit, vergleichbar mit Helau und Alaaf.

Angepaßte Verkehrsbelehrung während der Faschingszeit

Eine Landschaft voller Reize erschließt sich dem, der beschaulich fährt und der sich den Blick bewahrt hat für das Einfache.

„Wie schön! Diese Landschaft erinnert mich an meine Kindheit."

Unternehmerische Initiative

Wie schön ist es doch, durch eine soeben erblühte Frühlingslandschaft zu fahren und den hellen Tag zu genießen! Wer seiner Gattin eine tiefgreifende Freude machen möchte, sollte ihr, zum Zeichen der Verehrung, ein kleines Sträußchen kaufen. Blumengeschäfte gibt es allenthalben.

Die Reisefreude kann getrübt werden durch fehlende Ortskenntnis. Fragt man in einer fremden Stadt nach dieser oder jener Straße, erhält man mit Sicherheit eine widersprüchliche, meist entgegengesetzte Auskunft, die

„Wo bitte geht es zur Pestalozzistraße?"

im Zweifelsfall total in die Irre führt. In solcher Lage gilt unser Rat: Nicht verzagen, selbst dann nicht, wenn der gewiesene Weg in einer als Tiefgarage gedachten Tropfsteinhöhle endet.

„Bist du wirklich sicher, daß dies die neue Tiefgarage ist?"

„Abdullah, fahr den Wagen in die Garage und leg den Teppich ins Wohnzimmer."

Unterwegs begegnen uns Autofahrern nicht nur unseresgleichen, sondern auch, wenn wir den Blick nach oben lenken, Luftfahrzeuge unterschiedlichen Formats, Drachenflieger, die sich soeben von der Loreley heruntergestürzt haben, Segelflieger auf der Suche nach einem „Bart", Motorflugzeuge bis hin zum Jumbojet. Wer häufig im Nahen Osten unterwegs ist, wird die Fliegenden Teppiche nicht missen mögen.

In den letzten Jahren haben die Besuche der Außerirdischen stark zugenommen. Es handelt sich durchweg um gerngesehene, weil gutzerzogene Gäste, die den Tourismus in unserem Lande spürbar beleben.

„Hier landen wir. Hier gibt es schöne Andromedas."

„Keine Sorge, ich bin bei Jupiter-VVD versichert."

4
Anhalter

Über den Daumen ge-eilt

Das Anhalterwesen, wahrlich eine Randerscheinung des Automobilismus, wurde im Laufe der Jahre fast zur Gewissensfrage: Die einen, zur Konsequenz erzogen und einem Prinzip untergeordnet, lehnen jegliche Mitnahme ab, wobei sie sich stützen auf kriminelle Vorkommnisse und diesbezügliche Ermahnungen der Polizei – die anderen hingegen sind generell menschenfreundlich und hilfsbereit, scheuen das Risiko nicht und halten an, besonders dann, wenn Fahrer und Anhalter den Jahrgängen des revolutionären Aufbruchs entstammen und jeder vom anderen annehmen darf, daß er des anderen Gesinnung richtig schnallt.

Zwischen beiden Extremen liegt die Eventuell-Gruppe, die ihre Mitnahmeentscheidung abhängig macht von Art und Wesen des Anhalters. Frauen haben die größeren Chancen als Männer. Solche mit ausgeprägt weiblichen Formen sind besonders gefragt, zumal dann, wenn aus ihren Gesichtszügen ein Sinn für Lustbarkeit hervorscheint.

*

Frauen, von denen man ja weiß, daß sie zuweilen gern locken, dann aber die kalte Schulter weisen, minimieren die Gefahr eines Übergriffs, indem sie ein paar Schutzartikel im Handtäschchen mit sich führen: ein Stilett, eine Parabellum, ein Spraydöschen mit Senf- oder Tränengas oder, wie wir gleich sehen werden, einen präzise auf den Mann dressierten Rüden.

„*Sie nehme ich mit, den Hund nicht.*"

Vielfältig sind die Umstände, die eine Frau veranlassen können, am Straßenrand den Daumen zu recken: schlechtes Wetter, eine vorausgegangene Havarie oder ganz allgemeine Schicksalsschläge.

Praktizierte Nächstenliebe

Aber auch Könige, zum Beispiel Ludwig II. von Bayern, die auf dem Weg zu ihrem Schloß den Bus verpaßten, sind recht dankbar für die tätige Mitnahme. Erst recht dann, wenn sie vom Schloß aus triftigen Gründen ins Exil reisen müssen, weil soeben auf Begehren der Schloßbediensteten die Republik ausgerufen wurde.

Selbst höchste Würdenträger sind heuer als Anhalter unterwegs.

Neu in der Anhalterszene: Exakte Zielangabe unter Einbeziehung weiblicher Schönheit

Natürlich verstehen es die Frauen, mit feinen, aber auch gröberen Mitteln auf sich aufmerksam zu machen, wobei sie ihre organische Ausstattung mit in ihre Werbung einbeziehen.

Erfreuliche Rückkehr des Mannes zu den wahren Werten

Enthüllungsgeschichte

Dem Autofahrer andererseits eröffnen sich, sobald er die Frage, ob der durch längeres Warten vereiste Anhalter ein Mädchen oder ein Junge ist, geklärt hat, verschiedene Gedankengänge und, je nach beruflicher Neigung, Konfigurationen, die sich kombinieren lassen mit der körperlichen Ertüchtigung der bis dahin angetrauten Ehefrau.

Angewandte Geometrie

Ausgleichssport

Drängeln sich, was gelegentlich vorkommen mag, die hilfsbereiten Autofahrer, so bevorzugen, wie man häufig hat beobachten können, Damen solche Modelle mit dem größeren Komfort, manchmal auch mildgesichtige Mannstypen, von denen man annehmen darf, daß sie kleine Wünsche gern erfüllen.

„Ich fahre mit ihm. Er hat ein Kassetten-Radio."

„Würden Sie netterweise bei der Bücherei halten, bei der Reinigung und dann bei der Konditorei?"

Anhalter nach Shanghai

Mit Beginn der warmen Jahreszeit nehmen die Anhalter am Straßenrand sprunghaft zu, wobei ihre Reiseziele weit gesteckt sind. Schwierigkeiten hatte im vergangenen Jahr ein Chinese, der nach Shanghai wollte, aber aufgrund von Verständigungsschwierigkeiten nur bis Kloster Ettal gelangte.

Leichter hatte es indessen ein aufgeweckter Menschenaffe, der, des ständigen Begafftwerdens im Zoo müde, nach wenigen Tagen seine Familie in Simbabwe wiedersah.

Weihnachten möchte man halt gern im Kreis der Familie verbringen.

5
StV-Ordnung muß sein

Rechts vor links

Der Mensch, von Anbeginn ein Gemeinwesen, benimmt sich oft genug gemein seinen Mitmenschen gegenüber. Die Fußgänger kommen im Verkehrsgeschehen noch leidlich miteinander aus, passiert es doch selten, daß einer, von links kommend, dem anderen von rechts den Vorgang nimmt und ihm kostenpflichtig die Hüfte eindrückt.

Hier erkennt man einleuchtend den Unterschied zur Kraftfahrt, die, wie das Wort schon sagt, mit Kraft angereichert, dem Menschen die Möglichkeit gibt, nachhaltig auf den lieben Nächsten einzuwirken, wobei, würde man nichts dagegen tun, derjenige dominiert, der wie der Löwe die meisten PS hat.

Also begann mit dem Auto die Verkehrsregelung, zunächst etwas altbacken, dann verfeinert, so sehr schließlich, daß wir heute von einer Präzisionsregelung sprechen dürfen, die auch die verzwickteste Situation nicht ausläßt. Alles ist geordnet. Das ist der Regelfall, und der Verkehrsteilnehmer ist streng ermahnt, zu parieren. Andernfalls setzt es Tatzen.

Wenden wir uns nun den verschiedenen Ausdrucksformen zu.

*

Um die wegen ihrer Gefährlichkeit stets gefürchtete Konfrontation des Fußgängers mit dem Automobil zu verringern, ersannen die Oberen seinerzeit den wegen seines auffälligen Streifenmusters sogenannten Zebrastreifen, zu dem die Tiere des Städtischen Zoos in ihrer Freizeit gerne Modell standen.

Der Maler und sein Modell

Der Zebrastreifen, den man später amtlicherseits den Fußgängerüberweg nannte, wurde schnell populär und auch respektiert. Selbst Tiere der mittleren Intelligenzklasse erkannten den Segen dieser Einrichtung und benutzten sie mit ganzen Völkerschaften.

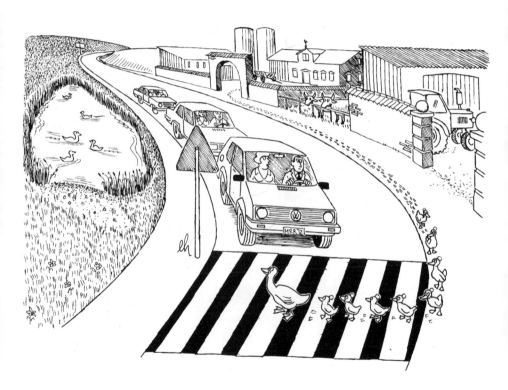

„Wieso? Gänse sind auch Fußgänger, Hans-Heinrich."

Im Laufe der Jahre wurden die Überwege verfeinert und individuellen Bedürfnissen angepaßt, so den Wünschen der Hundebesitzer, die mit Recht, wie sie meinen, auf einen Spezialstreifen für ihre Fiffis und Hassos drängten. In einer südfranzösischen Stadt ging man sogar einen Schritt weiter und schuf den gewundenen Zebrastreifen für torkelnde Mitbürger.

Zur Nachahmung empfohlen: Hundefreundliche Verkehrsführung

Spezieller Fußgängerüberweg für Bistro-Anlieger

Leider Gottes wurden die so nützlichen Zebrastreifen schon einige Male zweckentfremdet, so kürzlich vor einer Strafvollzugsanstalt im Oberfränkischen, indem Gefangene den hellen Teil der Streifen zur Flucht benutzten.

Zweckentfremdete Benutzung des Zebrastreifens an einer Ausfallstraße

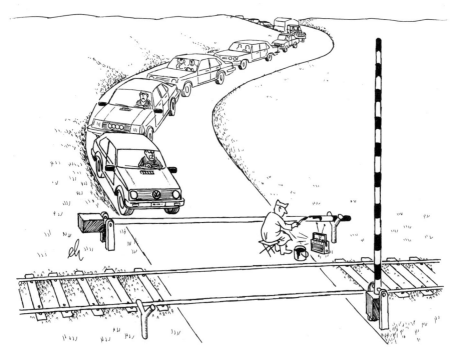

Neue Form des Streifendienstes

Das Dessin des Zebramusters hatte sich alsbald so bewährt, daß man auch die Schranken der Bundesbahn gleichermaßen zu gestalten sich entschloß. Anfänglich gab es seitens der Kraftfahrer starkes Murren wegen der unvermeidlichen Stockungen, doch siegte später die Einsicht.
Eine übrigens wichtige Funktion kommt den vielfältigen Verkehrsschildern zu mit ihrem Gebot und Verbot. Ihnen ist zu danken, daß die Autofahrer vor Überraschungen gefeit sind, zumal in Grenzfällen, wie unsere Beispiele zeigen.

Alte Weisheit: Im Straßenverkehr gibt es auch Kamele.

Vorsicht, Wildwechsel!

Verwirrung allerdings entsteht, wenn die Verkehrsaufsichtsbehörde Richtungspfeile anordnet, die im scharfen Widerspruch stehen zu den wegweisenden Leitsätzen Heinrichs III. (von 1551 bis 1589).

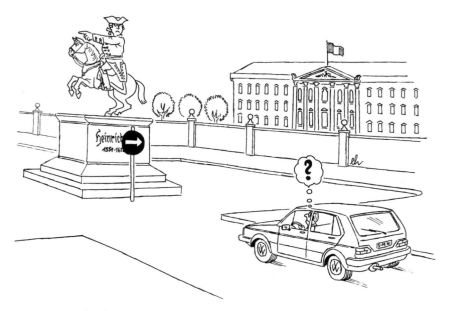

Irritierende Straßenführung durch Heinrich III.

Ein weiteres Problem stellen in heutiger Zeit die knappen Parkplätze dar, deren Ernst bestätigt wird in der Redensart, daß zum Prestige eines modernen Menschen das Auto weniger wirksam ist als der reservierte Parkplatz, auf dem er es abstellen kann.

So begrüßen wir die für die Mitglieder des Philharmonischen Orchesters vorgesehenen Parkbuchten, die zugleich Einblick geben in die künstlerischen Gestaltungsmöglichkeiten von Parkuhren.

Neue Parkuhren, dem kulturellen Umfeld angepaßt

Einfach genial war die Idee des Handlungsreisenden Friedrich B., 48, der die Parkmisere ein für allemal mit einem mobilen Parkschild löste.

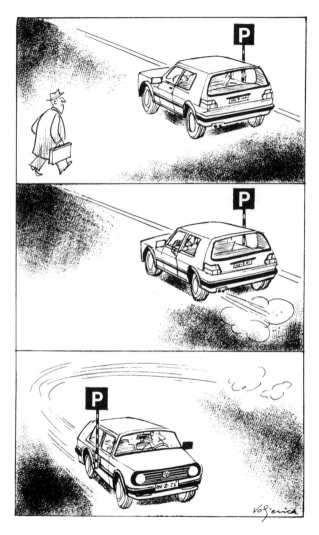

Praktische Behebung
der Parknot

Ein heikles Kapitel bildet das meist widersprüchliche Zusammentreffen von Polizei und Autofahrer. Schneller als man glaubt hat man als kraftfahrender Bürger ein Verbot übertreten und ein Gebot mißachtet. Doch auch bei den Polizeibeamten beobachten wir oft menschliche Züge, so zum Beispiel wenn nur ein Stück des Automobils ins absolute Halteverbot hineinreicht, woraus sich dann freundlicherweise nur eine anteilmäßige Strafe ergibt.

„80 Zentimeter! Macht 7 Mark 40."

Im Umgang mit der Polizei entwickeln die Autofahrer manche Raffinesse, wie etwa der Golf-Fahrer Peter R., 42, der, straffällig parkend, die Scheibenwischer einschaltete und so den Polizeibeamten daran hinderte, seine gebührenpflichtige Verwarnung, das „Knöllchen", drunter zu klemmen.

„Kein Wunder, daß viele Autofahrer den Bußgeldbescheid einen Wisch nennen!"

„Merken Sie sich: Nur schnell abladen, keine Gedichte aufsagen!"

Zur Weihnachtszeit wird gern, um Parkzeit zu ergattern, der Trick mit dem Weihnachtsmann geübt, doch verbietet die Polizei in solchen Fällen den Vortrag längerer Balladen und Sonette.

Sehr aufmerksam war auch die Polizeihostess Marita N., 28, die den Mißbrauch einer Parksäule rechtzeitig erkannte und den Flugreisenden Muhammad Adnan, 36, mit Recht des Platzes verwies.

Auf jeden Fall empfiehlt es sich, das Verhältnis zum Polizeibeamten, den man auch einen Ordnungshüter nennt, zu entkrampfen, indem man das Gespräch sucht von Mensch zu Mensch. Dabei ergibt sich häufig die Chance zu einem Gegengeschäft.

„Ich muß Sie ordnungsgemäß darauf hinweisen: Sie sollten etwas gegen Ihren Haarausfall tun."

„Mein Lieber, Sie haben eine schwere Angina. Macht 40 Mark. Die können wir verrechnen mit meiner Gebührenpflichtigen Verwarnung. Also sind wir quitt."

Als Autofahrer sollte man nie vergessen, daß auch der Polizeibeamte ein Mensch ist, der seine Pflicht tut. Falsch ist es jedenfalls, ihn in seiner Menschenwürde herabzumindern oder ihn gar bloßzustellen, wie es dieser Transportfahrer mit seinen Röntgengeräten gerade tut.

Autofahrer, die vor Gericht erscheinen müssen, nehmen der Einfachheit halber gern ein Taxi. Den Fahrer warten zu lassen, empfiehlt sich, wie die Erfahrung lehrt, in aller Regel nicht.

„Sie brauchen nicht zu warten. Er hat drei Jahre bekommen."

6

Urlaubsreisen

Das schöne Erlebnis

Zu den Sternstunden des Autofahrens gehört zweifellos die Reise in den Urlaub, die sich von anderen Fahrten durch eine frohgelockte Gemütslage gründlich unterscheidet. Keine Zeitnot, keine Begegnung mit Widerwärtigkeiten, keine Termine und kein Streß des Alltags belasten den Urlauber – nein, er sieht der Sonne ins Auge und dem Abenteuer entgegen, oft auch dem blanken Busen, so er sich zur FKK-Bewegung bekennt.

*

Voraussetzung für ein umfassendes Wohlbefinden ist natürlich die solide Reisevorbereitung. Ärgerlich ist es und sehr verdrießlich, wenn man, am Ziel aller Träume angelangt, erkennen muß, daß man Wichtiges vergaß.

Leider muß man die Menschen immer wieder dran erinnern, daß der Urlaub nicht erst in Rimini beginnt oder an der Costa del Sol oder auf der Höhe des Watzmanns, sondern momentan bei der Abreise von zu Hause. Der erfahrene Urlauber genießt unterwegs die linden Lüfte und gewinnt den Wolkenformationen Deutungen ab, die ihm im grauen Alltag überhaupt nicht geläufig wären.

„Hast du auch deinen
Heimcomputer eingepackt?"

Blütenträume

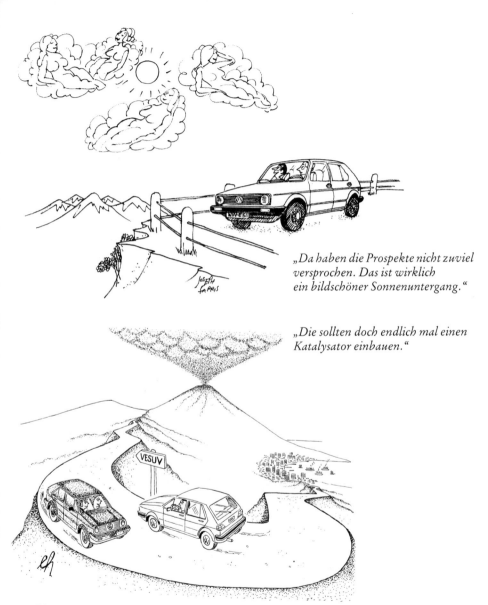

„Da haben die Prospekte nicht zuviel versprochen. Das ist wirklich ein bildschöner Sonnenuntergang."

„Die sollten doch endlich mal einen Katalysator einbauen."

Manchmal allerdings, wenn's gerade danach ist, wird man Zeuge eines Naturgeschehens, das daran erinnert, bei der Schadstoffbekämpfung in unserer Umwelt noch intensiver vorzugehen.

Der Fahrer muß an dieser Stelle ermahnt werden, gerade im Urlaub auf Beschaulichkeit und Mäßigung zu achten. Allzu wildes Befahren von Haarnadelkurven beispielsweise ängstigt nicht nur die Gattin und andere Pflegebedürftige, sondern überträgt sich auch in krassen Fällen auf die mitgeführte Haartracht selbst.

„Warum fährst du immer die Haarnadelkurven so scharf?"

„*Tut mir leid. Diese Burg ist zufällig kein Hotel.*"

Seit einigen Jahren lieben es die Touristen der Nostalgie wegen, in alten, manchmal verwunschenen Schlössern zu nächtigen, von der Vorstellung ausgehend, in besagten Betten hätten schon mal Prinz Eugen und Katharina von Medici, getrennt natürlich, übernachtet. Zwar wurden viele Schlösser und Burgen in der letzten Zeit zu Herbergen hergerichtet, aber nicht alle.

In den Hotelpreisen ist in aller Regel die umfassende Betreuung des Gastes seitens des Personals eingeschlossen, doch rechnen die Beflissenen dennoch mit einer diskreten Zuwendung, wobei deren Höhe über die Einstufung des Gastes entscheiden. Merke: In alten Schloßhotels ist auch der Geist vom Dienst zu bedenken.

Nicht vergessen: In gepflegten Hotels sollte man sich für gute Betreuung erkenntlich zeigen.

Irgendwann trennen sich die Wege der Skiläufer.

Voraussetzung für eine glückliche Fahrt sind sorgfältige Planung und Ausarbeitung der Reiseroute. Immer wieder wird der Mensch von heute mit dem Problem des Scheideweges konfrontiert, bei dem er nicht lange zaudern sollte, ob er nun an die Côte d'Azur oder ins Engadin fahren möchte.

Touristen, die Rom zu besuchen beabsichtigen, können sich in der Praxis selbst bei verzwickten Straßenverhältnissen kaum verfahren, solange sie die überlieferte Redensart beherzigen, daß alle Wege nach Rom führen.

Wer sich schlimmstenfalls einmal gründlich verfahren hat, der braucht selbst in unwegsamem Gelände dennoch nicht zu verzweifeln: Hilfsbereite Menschen gibt es überall, auch unter den Nomaden.

„Alle Wege führen nach Rom, mein Sohn."

„Fahren Sie 340 Kilometer geradeaus, biegen Sie halbrechts ab nach Tanger, gehen Sie auf das Fährschiff nach Genua, dann sind es noch 475 Kilometer bis zur Schwarzwald-Klinik."

*„Zum Roten Meer? 200 Kilometer
geradeaus, dann halbrechts."*

Die Betrachtung der Natur und die Beobachtung der vielen Vorgänge in der Tier- und Pflanzenwelt gehören zu den starken Eindrücken einer Urlaubsreise, von denen die Heimkehrer später sagen, sie seien nachhaltig und bleibend.

So ist es eindrucksvoll und lehrreich, zu sehen, wie die Tiere sich den neuen Gegebenheiten anpassen, etwa die Schwalben, die, auf dem Rückflug zu ihren nördlichen Nistplätzen, neuerdings die gefährliche Alpenmassiv-Überquerung meiden und lieber den praktischen Tunnel gebührenfrei benutzen.

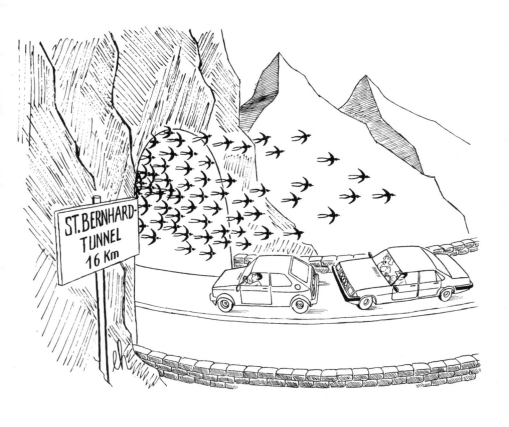

*Auf der Rückkehr in den Norden
bedienen sich gescheite Zugvögel
jetzt der neuen Verkehrswege.*

Zu den Attraktionen in Paris gehört seit altersher der Besuch des Louvre mit der unvermeidlichen Mona Lisa, deren geheimnisvolles Lächeln fast alle Damen anregt, es ihr auf dem Rückweg gleichzutun.

Ein gewisses Lächeln

Wer Griechenland aufsucht, wird die Akropolis nicht missen mögen, die heute noch ein warnendes Beispiel dafür ist, keinen Hausbau zu beginnen ohne eine ausreichende Kapitaldecke.

„Siehst du, Inge, auch damals ist den Leuten beim Bauen schon mal das Geld ausgegangen."

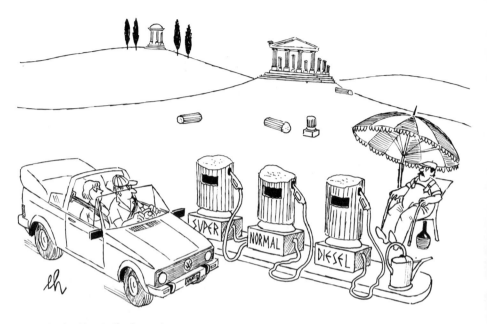

Neu in der Touristik: Integrierte Tankstellen in Griechenland

Erfreulich andererseits ist das Bemühen der modernen Griechen unserer Tage, so auch der Tankstellenbesitzer, das Kulturgut der Antike zu pflegen.

In Pisa ist es der schiefe Turm, der insbesondere aufrechte Menschen nachdenklich stimmt. Die einen kommen nach seiner Besichtigung gleichermaßen schief daher, die anderen machen einen weiten Bogen, um dem Eventualfall keine Chance zu bieten.

Viel zu bewundern gibt es auch in den altertümlichen Bezirken Roms. Für den Mann, der sich gerne mal als Imperator fühlen möchte, bietet sich hier die Gelegenheit, den Triumphbogen des Pontifex Maximus unter den bewundernden Blicken seiner Gattin zu durchqueren.

Gesteigertes Selbstgefühl, vor allem für den Mann nach Passieren eines Triumphbogens

Die Macht der Gewohnheit

Einen starken Reiz vermitteln dem Manne, der in seinem übrigen Leben im Kleinhandel tätig ist, die sogenannten Abenteuer- oder Erlebnis-Reisen, die meist als Safaris im zentralen Afrika stattfinden. Dort auf die Pirsch zu gehen, fasziniert tiefgreifend den männlichen Mann. Es ist jedoch ratsam, sich dabei den Landessitten anzupassen und nicht an der Gewohnheit der Askaris, auch schwere Lasten auf dem Kopf zu transportieren, zu rütteln.

Löwen sind auch nur Menschen.

Erregend ist es auch, in der weiten Savanne das Großwild unverkünstelt studieren zu können. An die Gepflogenheit der Touristen, jegliches zu fotografieren, haben sich die großen Tiere längst gewöhnt. Wir empfehlen 1/500 sec bei Blende 16.

Viele Menschen fühlen sich erst dann richtig frei und aller Bemantelung ledig, wenn sie ihre Klamotten abgelegt haben. Man nennt sie FKK-Anhänger. Wer solch einen Urlaub zu verbringen wünscht, sollte nicht allzu viele Textilien mit sich führen. Insbesondere sind Abendkleid und Smoking (bis auf die Fliege) ganz entbehrlich.

„Ich habe dir doch gesagt, nicht so viele Sachen zum Ausziehen mitzunehmen!"

Übertrieben hat die gültigen FKK-Regeln der Ingenieur Herbert B., 38, der glaubte, auch das Auto müsse im FKK-Gelände im Adamskostüm erscheinen.

Folgerichtiges Verhalten eines Automobilisten nach Erreichen der FKK-Demarkationslinie

Manche Bürger bevorzugen ihrerseits den Winter als besonders gesunde Reisezeit. Die reine, klare Luft ist, zumal in den Alpen, in der Tat erquikkend. Menschen und Tiere sind aufgeschlossen und zutraulich und einem wechselseitigen Handel gegenüber nicht abgeneigt.

„Können wir ein kleines Tauschgeschäft machen? Eine Tüte Schappi gegen dein Fäßchen?"

„*Glaubst du immer noch, daß dies die Bundesstraße 39 ist?*"

An dieser Stelle darf aber nicht verschwiegen werden, daß die weiße Pracht des Winters die Landschaft im ganzen uniformiert. Es ist wichtig, daran zu erinnern, daß Bundesstraßen hierzulande durch kleine, rechteckige Nummernschilder als solche zu erkennen sind.

Kehrt man aus dem fremden Land in die Heimat zurück, gehört der letzte Einkauf vor der Grenze mit dem letzten Geld zum Ritual, will man doch Tante Rita und Onkel Herbert daheim mit einem Mitbringsel erfreuen.

„Ich habe mein letztes Französisch zusammengekratzt."

„Heiß!"

Schließlich folgt die Grenzkontrolle mit der stereotypen Frage: „Was haben Sie anzumelden?" Aufgeweckte Kinder erweisen sich hier als hilfreich.

Schöpfen die Zöllner Verdacht, weil sie glauben, Ansatzpunkte für Konterbande zu haben, so kann das Automobil zur Gänze durchforscht werden, und auch körperliche Visitationen werden gern ausgeübt.

Zumeist kommen die Menschen von ihrer Urlaubsreise erholt und aufgeräumt zurück, nicht so die beiden Damen Gerlinde S., 42, und Elvira M., 39, die die weite Reise nach Denver, Colorado, nicht scheuten, um dort einen Herrn, der ihnen gut gefällt, zu treffen.

„Sie muß sich verdächtig gemacht haben. Ich bin niemals so durchsucht worden."

„Wir sind in den Ferien kreuz und quer durch Colorado gefahren, doch den Blake Carrington haben wir nirgends gesehen."

7

Mit Camping und Wohnmobil

Am Busen der Natur

In den ersten Nachkriegsjahren zogen die Menschen mit dem Zelt hinaus ins Freie, schlugen die Heringe ins Erdreich und spannten die Tuchbahn. Dann krochen sie zur Nachtzeit in die Schlafsäcke, zunächst in der Einmann-Ausführung, später auch, mit aufkommender Aufklärung, ins Doppelfutteral. Himmlisch war es, den dicken Regentropfen zu lauschen unter einem allerdings nur dünnen Himmel.

Das Verlangen nach mehr Komfort lag auf der Hand, und so war es recht natürlich, daß mit zunehmender Finanzkraft der Wohnanhänger angesteuert wurde und später das organisch gebaute Wohnmobil, das alles enthält, was der Mensch unserer Tage sich wünschen mag: Schlafzimmer, Wohnzimmer, Eßecke, Küche, Dusche und Klo.

Ist das nicht wunderschön: In der Ecke steht der Fernseher, auf dem Sofa liegen die bestickten Kissen von Tante Agathe, die Vorhänge sind gerafft, und Mutti steht an der Kochplatte.

Und so bietet sich das perfekte Urlaubsglück dar: Weit in der Ferne ist man zu Hause.

Auch auf dem Gebiet des Wohnanhängers war die Entwicklung stürmisch. Kein Wunder also, daß auf dem Markt rechtzeitig zusätzliche Kleinanhänger für die lieben Kinder angeboten wurden, gedacht für solche Eltern, die beizeiten auf eine sittlich-ethische Trennung achten.

Neu im Campingwesen: Spezialwohnwagen für die Kinder

„Meine Frau besteht auch im Urlaub auf getrennten Schlafzimmern."

Aber auch die Ehepaare selbst bevorzugen heutzutage oft, vielleicht aus Gründen der Hygiene und Selbstachtung, getrennte Schlafzimmer, denen die Wohnwagenindustrie mit Singlebettwagen gerecht wird.

Wer sich, dem Wohnwagen im Prinzip zwar zugetan, von der großen Masse vielleicht aus Stammesgründen gern absetzen möchte, dem bieten sich schmucke, individuelle Modelle, beispielsweise der Wohnwagen-Kral.

Sehr beliebt, vor allem bei Winterurlaubern, ist auch der Knusperhaus-Anhänger, der schon bei der Anreise jedem angrenzenden Wald ein märchenhaftes Gepräge gibt.

Wohnanhänger für afrikanische Campingfreunde

„... und Fernsehen habe ich auch in meinem Knusper-Anhänger."

Für den Sommerurlaub hingegen möchten wir dem Interessenten, der es sich leisten kann, das Wohnmobil mit integriertem Swimmingpool empfehlen, das schon in Castrop-Rauxel ein Gefühl von Côte d'Azur aufkommen läßt.

„Jetzt könntest du endlich wieder mal fahren."

Das größte Erlebnis aber ist jenseits des Fernzieles das unbeschwerte Gefühl der Freiheit. Wo immer man sich auch aufhalten mag, stets befindet man sich auf eigenem Grund, auch wenn der einem anderen gehört.

„Was glaubst du, wieviel ich für ein Appartement in solcher Lage in München-Bogenhausen bezahlen müßte?"

„Ich schnarche überhaupt nicht, Liebling."

Allzulange, nicht länger jedenfalls als sechs Monate, sollte man nicht auf demselben Fleckchen Erde verweilen, weil dann, besonders in feuchttropischen Gebieten, der Wildwuchs wirklich lästig wird.

Wer lieber unter seinesgleichen leben mag, dem raten wir zu den geordneten Verhältnissen eines Campingplatzes, der zudem die Geselligkeit fördert, gibt es doch, wenigstens auf den gepflegten Plätzen, eigens hergerichtete Partyzelte, die des Abends gern aufgesucht werden.

„Allmählich müssen wir weiterfahren."

„Hübsche Idee, gnädige Frau, eine Party im Zelt zu veranstalten."

Unterwegs empfiehlt es sich bei aller Vorfreude, die Wachsamkeit nicht zu vernachlässigen, haben sich doch in letzter Zeit kriminelle Elemente auf Wohnwageneinbrüche während der Fahrt spezialisiert. Auf diese Weise kamen schon wertvolle Dinge abhanden, von denen der Mann zunächst annahm, die Frau habe sie bei der Abfahrt mitzunehmen vergessen.

„Hast du zu Hause auch gut abgeschlossen, Ulrike?"

Schließlich muß noch einer Unsitte gedacht werden, die zwar menschlich verständlich ist, dennoch nicht gebilligt werden kann: das nächtliche Parken vor dem Haupteingang des Hotels Royal, irrigerweise davon ausgehend, dort würden noch die Schuhe geputzt.

„Bitte morgen früh um 7.30 Uhr wecken."

8
Winterfreuden

Moderne Bernhardiner

Die Tücken des Winters sind dem hiesigen Menschen, sofern er Radio hört oder den warnenden Finger von Frau Dr. Karla Wege vor der ZDF-Wetterkarte nicht übersieht, durchaus geläufig: überfrierende Nässe, Schneeglätte, Eisglätte, gefrierender Regen, Graupelschauer mit Kugellager-Effekt.

Dem Autofahrer wurde immer wieder eingebleut, daß der Bremsweg sich um mehr als Hundert-Komma-Josef Prozent erhöht und daß es deshalb angezeigt ist, niemals auf Glatteis zu bremsen, sondern mit Behutsamkeit in der Lenkung den Kurs des Autos, sofern er überhaupt noch vorhanden ist, zu stabilisieren.

*

Der Staat und seine ihm unterstellten Straßenverwalter reduzieren die winterliche Gefahr in fürsorglicher Weise durch rechtzeitige Salzstreu, die allerdings, im Hinblick auf die Umwelt, nicht mehr so üppig erfolgt wie in früherer Zeit.

„Mit Streusalz wird in diesem Winter sparsam umgegangen."

Es leuchtet ein, daß der Streudienst bei einer sehr plötzlichen Glatteisausbreitung nicht zur selben Zeit überall sein kann. Tritt deshalb der Ernstfall eines glimpflichen Überschlags ein, dann sollte der verantwortungsbewußte Kraftfahrer nicht versäumen, alsbald die Warnschilder der neuen Situation anzupassen.

Jenseits der gelegentlichen Schrecknisse eröffnet der moderne Winter dem freizeitbewußten Bürger jedoch manche Freude, verbunden mit Leibesertüchtigung.

An erster Stelle wäre da das Skilaufen zu nennen, das selbst Kleinkinder schon erfaßt hat.

Skilaufen ist seit neuestem kinderleicht.

Allerdings ist der weiße Sport in jüngerer Zeit auch nicht mehr ganz gefahrlos, weil die Pistenläufer allzuoft das generelle Gebot „Rechts vor links" mißachten. Gewachstes Kleinholz ist die ärgerliche Folge.

Auch beim Wintersport achtet man jetzt auf Recycling.

Stürze, Verschüttungen und andere Verprellungen können, wie die Praxis lehrt, nicht ausgeschlossen werden. Da ist es segensreich, daß, insbesondere im Gebiet des Großen Sankt Bernhard, motorisierte Bernhardiner zur Stelle sind, die, wie es sich gehört, ein Fäßchen mit Belebendem am Halse tragen.

Bernhardiner Modell 86

Ein anderes Mißgeschick müssen wir der modernen Technik anlasten. Die Sicherheitsbindungen beispielsweise sind oft so sicher, daß sie ihren Benutzer nicht mehr freigeben. In solchem Fall schnalle man Skier + Bindung + Gattin insgesamt aufs Wagendach und versäume nicht zu reklamieren.

„Ihre Patent-Sicherheitsbindung geht nicht auf."

Skifahrern, die zu Bruch kamen, bieten sich verschiedene Methoden der Betreuung: Der Abtransport auf dem Wagendach anstelle der entbehrlich gewordenen Skier hat sich bewährt.

In leichteren Fällen sollte man aber auch den Service eines Abschleppdienstes erwägen, der – trotz allem – die sportliche Note des Läufers nicht verleugnet.

Grundsätzlich muß im Winter, wie wir eingangs schon sagten, angeraten werden, Umsicht und Sorgfalt walten zu lassen und die Verkehrshinweise sorgfältig zu beachten. Sie liefern wertvolle Informationen.

9

Liebe im Auto

Waldesrauschen

Die Abgeschiedenheit, die das Automobil bietet, fördert die menschliche Zuwendung, besonders in Kurven. Kleine Komplimente, frivole Anspielungen bis hin zur blanken Liebeserklärung sind nur in der intimen Atmosphäre des Autos möglich. Kein Mitfahrer, wie er im Abteil der Deutschen Bundesbahn fast unvermeidlich ist, keine plötzliche Durchsage „Nächste Station Blaubeuren" stören die zwischenmenschliche Harmonie.

Und auch in diesem Punkt ist das Auto überlegen: Das Einbiegen in eine romantische Waldschneise ist jedem Automobil ein Leichtes, dem Intercity-Zug nicht.

In den Jahren nach dem Krieg galt das Auto als perfekte Liebeslaube. Draußen vor den Städten fanden die zumeist jungen Menschen zueinander, das Auto machte es möglich. Die Amerikaner, organisatorisch begabt, regelten beizeiten das automobile Liebesleben, indem sie idyllische Abstellplätze schufen, Lover's Lanes genannt. Diskretion der nebeneinander parkenden Autos war strikte Ehrensache. Recht beliebt waren bei uns auch die Autokinos, die den Betrachtern die Möglichkeit eröffneten, die Verführungskunst eines Marcello Mastroianni an der bis dahin tugendhaften Catherine Deneuve nachzuvollziehen.

Schöne Automobile, insbesondere schnittige Sportwagen, üben auf die jüngere Damenwelt auch heute noch einen starken Reiz aus. Sie gelten als Aufreißer. Indessen muß das Verhalten des hier gezeigten Autofahrers, seine diesbezüglichen Eroberungen Stück um Stück auf der Karosserie zu verzeichnen, überzogen genannt und auf das schärfste getadelt werden, gilt doch in dieser Sache erst recht das alte Sprichwort „Die Liebe geht durch den Wagen", verbunden mit taktvoller Verschwiegenheit.

„Ich glaube, ich muß mir bald einen größeren Wagen kaufen."

Großraumwagen für einen arabischen Scheich

„Ich werde dir immer treu sein, genauso
wie ich dem Käfer treu geblieben bin."

Allerdings sollte man selbst fein nuancierte Liebesbeteuerungen nicht allzu ernst nehmen, wie das Beispiel des hier gezeigten Käfer-Freundes zeigt, von dem wir wissen, daß er inzwischen längst einen Golf fährt.

Lobenswert ist im weiteren Verfolg unserer Betrachtung der alte Brauch, das soeben verschenkte Herz in die nächste Baumrinde einzuritzen. Wenngleich es übertrieben erscheint, dabei die linke und rechte Herzkammer samt den Arterien zu detaillieren. Das einfache Herz mit der üblichen Einschnürung oben tut's auch!

Natürlich sind Liebesfahrten hinaus in die Natur oftmals mit Risiken befrachtet. So sollte man stets darauf achten, ob, zumal über eine längere Strecke, ein und derselbe Wagen folgt. Dies könnte eine Observierung sein.

Auch ist der Fall nicht ausgeschlossen, daß eine im Grunde aufgeschlossene Dame plötzlich ihre Gunst versagt. In solcher Situation muß jener Mann gelobt werden, der die mögliche Verweigerung beizeiten vorbedacht hatte. Wagen mit großem Kofferraum erhalten von uns die Testnote: Vorzüglich.

Immerhin haben viele Menschen über die Liebeslaube namens Auto den Mund fürs Leben geschlossen. Das Auto war es, das die Menschen zueinander führte, und so ist es eine schöne Sitte, in einem zur Karosserie modifizierten Bett das Glück fortzusetzen, das im Auto begann.

„Weißt du, ich denke so gern an unsere Ausflüge zurück."

10

Tiere im Auto

Vertrauen zu Herrchens Fahrkunst

Es war zu erwarten, daß die Tiere, vor allem unsere lieben Haustiere, dem Menschen im Zuge ihrer Evolution ins Auto folgten. Hunde, das weiß man längst, sind nach anfänglichen Übelkeitserscheinungen passionierte Autofahrer geworden, die die vorbeirauschende Landschaft gern betrachten und insbesondere ein Auge haben auf herumstreunende Hundekameraden, die noch zu Fuß laufen müssen. Zwischendurch legen sie, was für ihr Vertrauen zu Herrchens Fahrkunst spricht, ein Nickerchen ein oder sie sinnieren ganz einfach vor sich hin.

Katzen fahren zwar gelegentlich auch im Automobil, doch kann man von ihnen eine verläßliche Sympathieäußerung kaum erwarten – Katzen haben halt ihren Stolz.

Von einem mitfahrenden Pferd (im Anhänger) glaubt man zu wissen, daß es den Sinn einer Autoreise nicht recht begreift. Als Fluchttier studiert es durch die Bullaugen den Horizont, ohne zu begreifen, daß der sich, dank der automobilen Fortbewegung, ständig verschiebt.

Einen neuen Liebhaber hat das Auto im Marder gefunden, der neuerdings Gummimanschetten und Plastikverkleidungen mit ihrer feinen Geschmacksnote als Delikatesse anknabbert und verschmaust.

In diesem Zusammenhang muß allerdings auch der einzelnen Fliege gedacht werden, die, meist im Sommer, während der Fahrt kreuz und quer vor den Passagieren herumsurrt und sie zur Raserei treibt.

*

Auch Hunde fahren gern im Kabrio.

Inzwischen teilen die Tiere, allen voran der Hund, mit dem Menschen die Lust am Fahren. Mehr noch als die Zweibeiner schätzen Hunde die frische Luft des offenen Kabrios, liefert sie ihnen doch – über die Nase – viele interessante Informationen, deren der Mensch nicht teilhaftig wird.

„Wo bitte geht's zum Stadtzentrum?
Wir haben uns total verfahren und
blicken nicht mehr durch."

„Wo ist bloß meine Sonnenbrille?
Ich habe sie doch gerade auf den Sitz
gelegt."

Die Symbiose von Mensch und Tier führte im Laufe der Jahre zu einer gegenseitigen Anpassung im äußeren Erscheinungsbild, aber auch zur Übernahme menschlicher Gepflogenheiten seitens des Hundes.

Daß Hunde mehr oder weniger erfolgreich dressiert und abgerichtet werden, ist bekannt. Besonders erfreulich ist – nach einer Zeit des schlaksigen Herumgammelns – eine gepflegte Höflichkeit.

„In der Hundeschule hat er wirklich viel gelernt."

Aber auch in den unangenehmen Situationen des modernen Straßenverkehrs stehen die Hunde ihren Mann, etwa bei Kollisionen, und auch dann, wenn Herrchen infolge starker Trunkenheit nicht mehr in der Lage sein sollte, das Auto korrekt zu lenken.

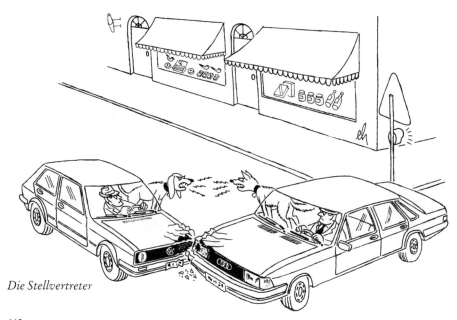

Die Stellvertreter

Eine weitere Entwicklung bahnt sich an: Von unseren Primaten, den Menschenaffen, wissen wir, daß sie hochintelligent, sehr qualifiziert für manche Arbeit und zuverlässig sind. Was lag da näher, als sie zum Busfahrer auszubilden, insbesondere auf der Strecke vom und zum Zoo?

Moderne Busverbindung mit Affenzahn

Den Tieren in der freien Natur sollte der Autofahrer ganz allgemein in Liebe und Zuneigung begegnen und Verständnis zeigen, wenn im Frühling die Kröten zu ihrer Wanderung starten oder wenn, später im Jahr, Hirsche wegen Überlastung nicht mehr jene Sprungeleganz zeigen, wie sie im Verkehrsschild gefordert wird.

Ordnungswidriges Verhalten eines in der Brunftzeit stark geforderten Rothirsches

Schließlich möchten wir noch ein gutes Wort einlegen für die vielen Promenadenmischungen, die, noch etwas begriffsstutzig, ein geparktes Autorad anpinkeln in dem Glauben, dies sei ihr originaler Stammbaum.

Die Autozeitschrift für Audi- und Volkswagen-Fahrer

Jeden Monat neu im Zeitschriftenhandel